D1876833

Tessloffs schlaue Antwortbücher

Warum knurrt mein Magen?

und andere Fragen über meinen Körper

Brigid Avison

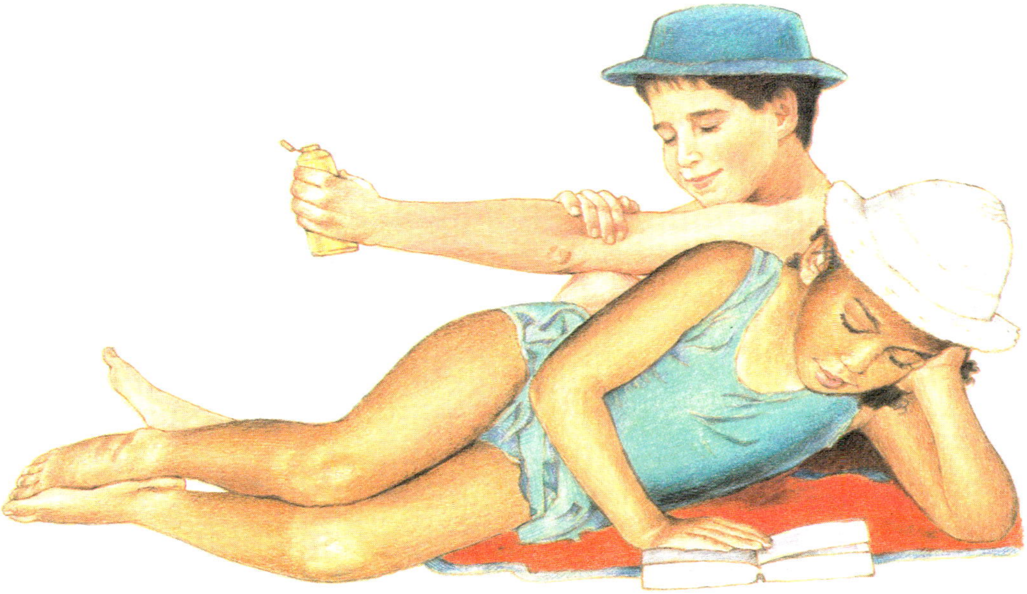

Tessloff

Kath. öffentl. Bücherei
St. F...
...str. 5
6454 Bruchköbel
ausgeschieden
ausgeschieden

94/139

© 1993 Grisewood & Dempsey Ltd.
© 1994 Tessloff Verlag

Alle Rechte vorbehalten. Kein Teil dieses Buches darf in irgendeiner Form (durch Fotokopie, Mikrokopie oder andere Verfahren) ohne vorherige schriftliche Genehmigung des Verlages reproduziert oder unter Verwendung elektronischer Systeme verarbeitet, vervielfältigt oder verbreitet werden.

Aus dem Englischen von Simone Wiemken

ISBN 3-7886-0372-0

Herausgeberin der Reihe: Jackie Gaff
Gestaltung der Reihe: David West Children's Books
Autorin: Brigid Avison
Berater: Dr. Elizabeth D. A. McCall Smith,
Dr. Peter Rowan
Art Editor: Christina Fraser
Umschlagillustrationen: Ruby Green, Cartoons von Tony Kenyon (B. L. Kearley Ltd.)
Jllustrationen: Chris Forsey S. 4, 5, 6, 7, 8–9, 10–11, 12–13, 16–17, 18–19, 20–21; Ruby Green (Darstellung von Menschen) S. 5, 6–7, 10–11, 25, 26–27, 28–29, 30–31; Tony Kenyon (B. L. Kearley) alle Cartoons; Linda Worrall (Linden Artists) S. 14–15, 18, 22–23.

Inhalt

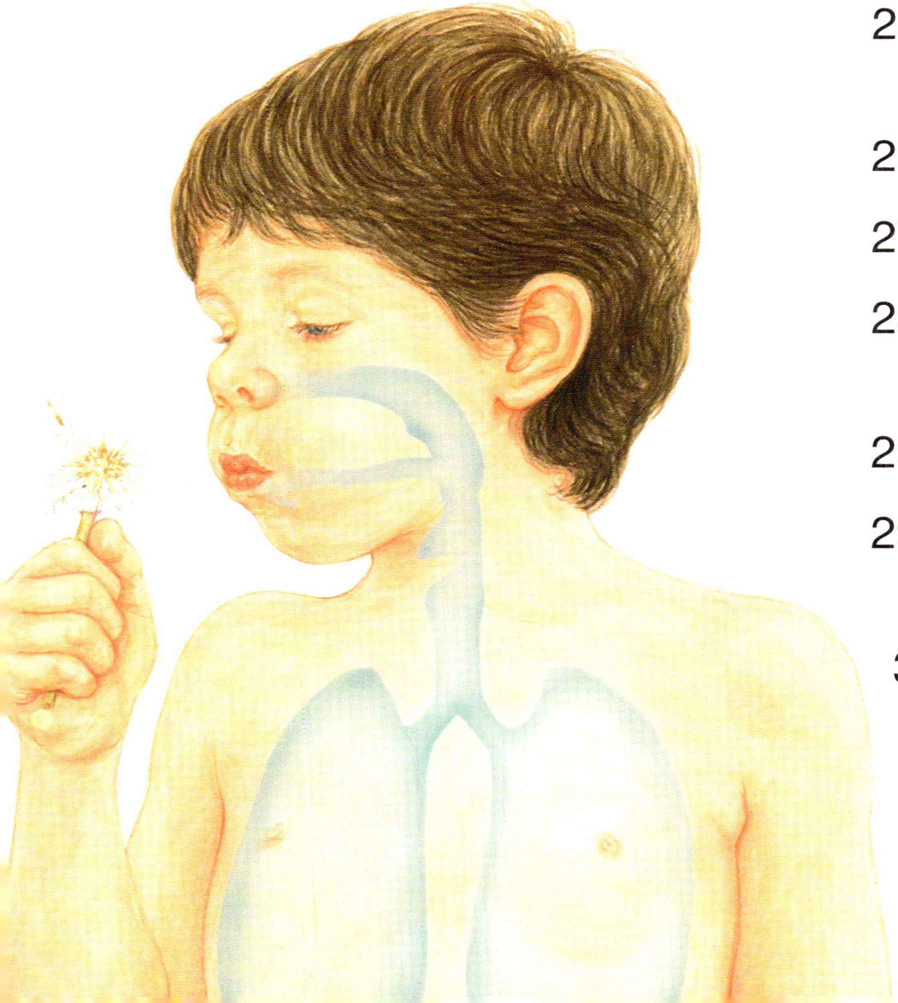

Ist mein Körper genauso wie der von anderen Leuten?

● Jeder Mensch hat die unten abgebildeten wichtigen Teile in seinem Körper.

Auf der ganzen Welt gibt es keinen Menschen, der dir genau gleicht – du bist einmalig! Doch obwohl du anders bist als alle anderen, ist dein Körper genauso aufgebaut wie ihrer. Er besteht aus denselben Einzelteilen, die all die verschiedenen Aufgaben erfüllen, um dich am Leben zu erhalten.

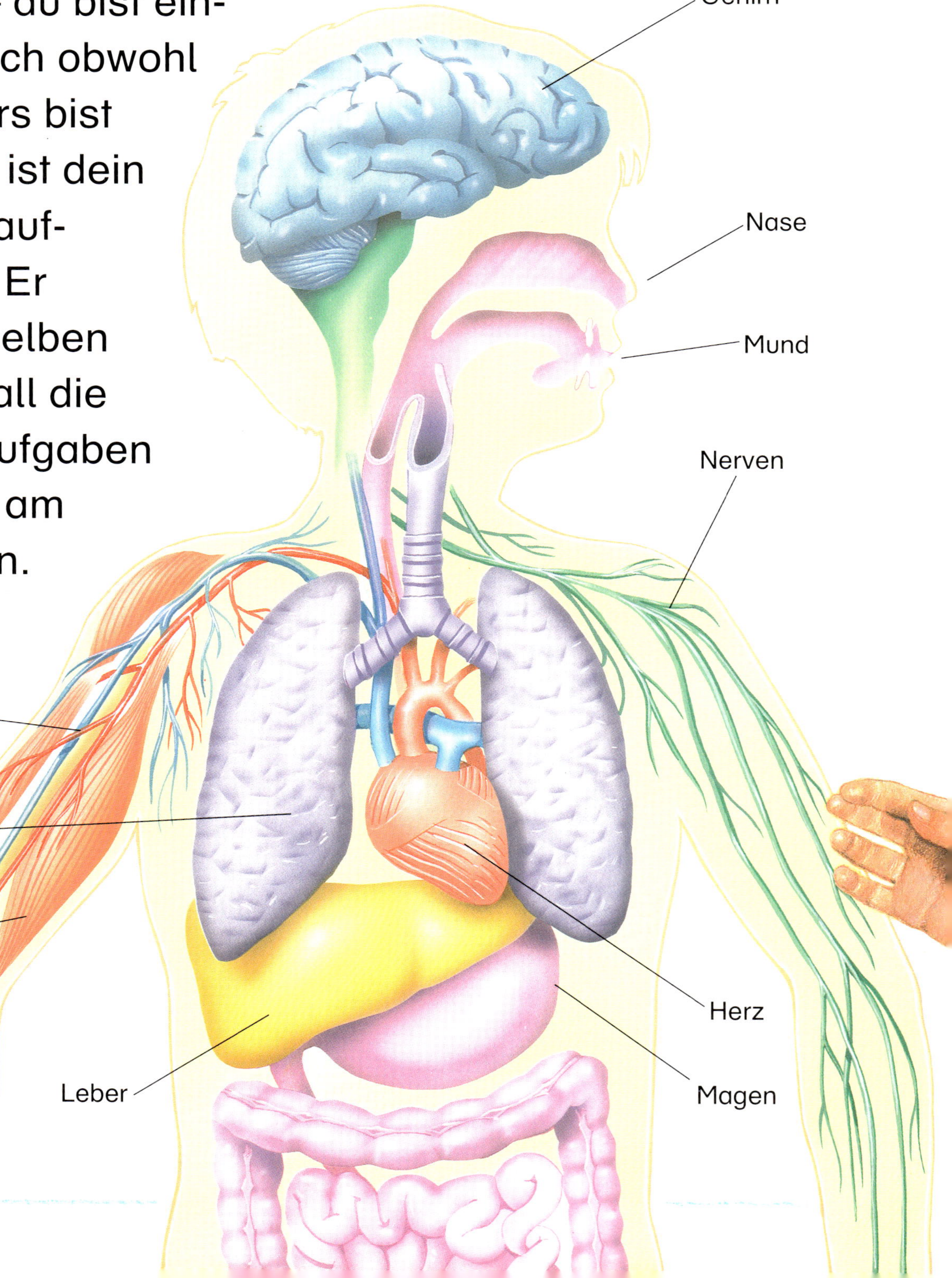

Hier siehst du, worin sich die Körper von Menschen unterscheiden können.

Das Haar kann dunkel, blond oder rot sein, gelockt, gewellt oder glatt.

Die Augen können blau, braun, grau oder grün sein.

Die Nasen können unterschiedlich geformt sein.

Manche Leute haben Sommersprossen.

Die Muskeln sind verschieden groß.

Es gibt viele verschiedene Hautfarben.

Manche Menschen sind groß, andere klein.

Manche Menschen sind dick, andere dünn.

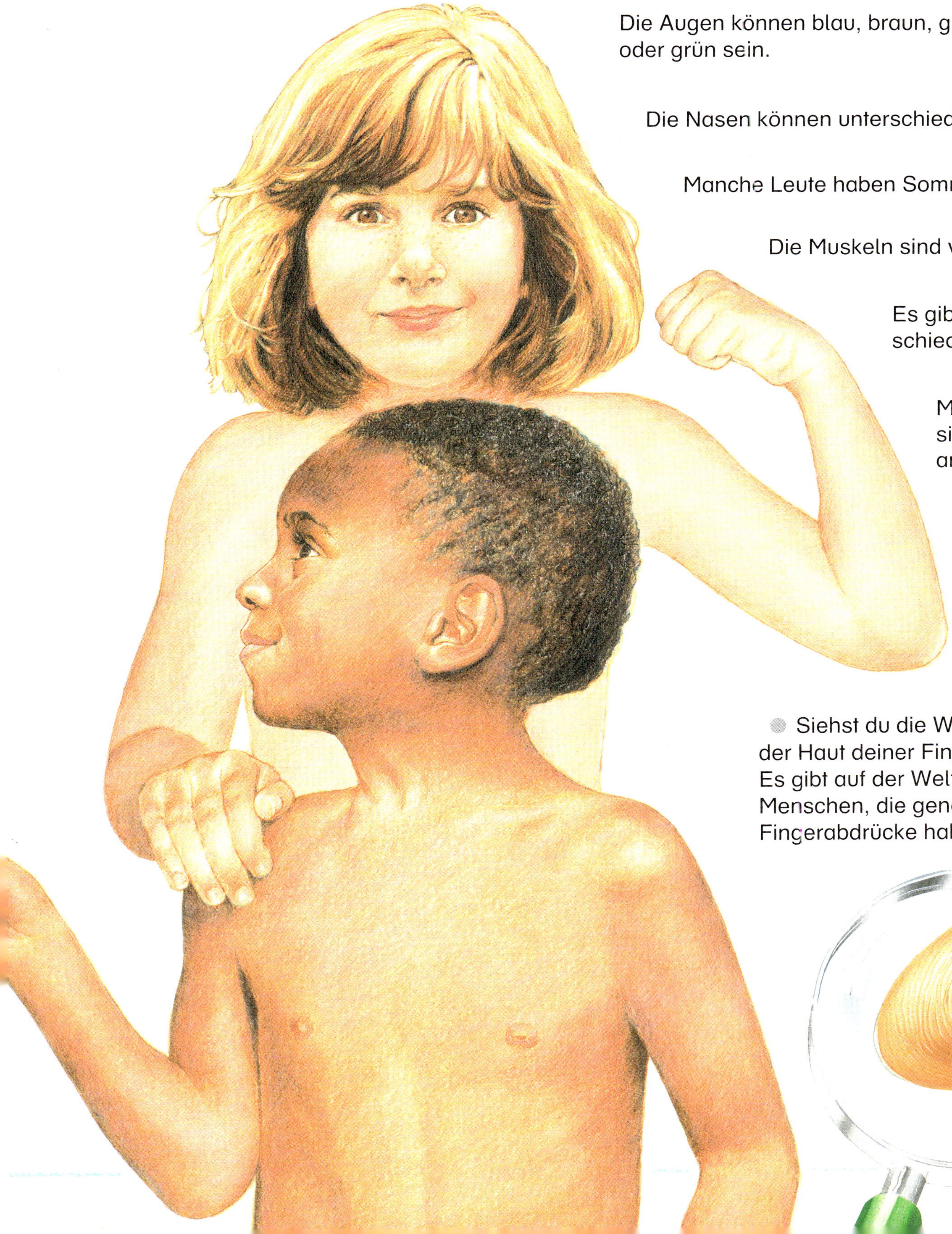

Siehst du die Wellenlinien in der Haut deiner Fingerspitzen? Es gibt auf der Welt keine zwei Menschen, die genau dieselben Fingerabdrücke haben.

Was ist in meinem Kopf?

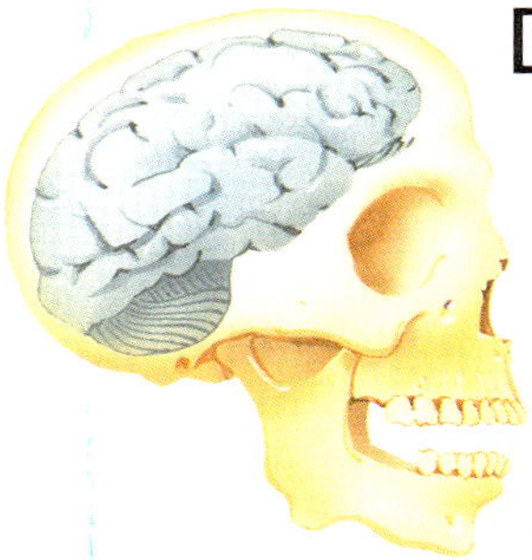

Der wichtigste und kompliziertesteste Teil deines Körpers befindet sich in deinem Kopf, unter den Haaren, der Haut und den Schädelknochen. Es ist dein Gehirn.

Das Gehirn ist der Teil von dir, der denkt, fühlt und sich erinnert. Außerdem sorgt es dafür, daß dein Körper richtig funktioniert.

Das Gehirn besteht aus zwei Hälften. Die rechte Hälfte des Gehirns ist für die linke Seite deines Körpers zuständig und die linke Hälfte für die rechte Körperseite.

Die Gehirne der Menschen sind verschieden groß. Ein großes Gehirn bedeutet aber nicht, daß jemand besonders schlau ist – ebenso wenig, wie man mit großen Füßen schneller laufen kann!

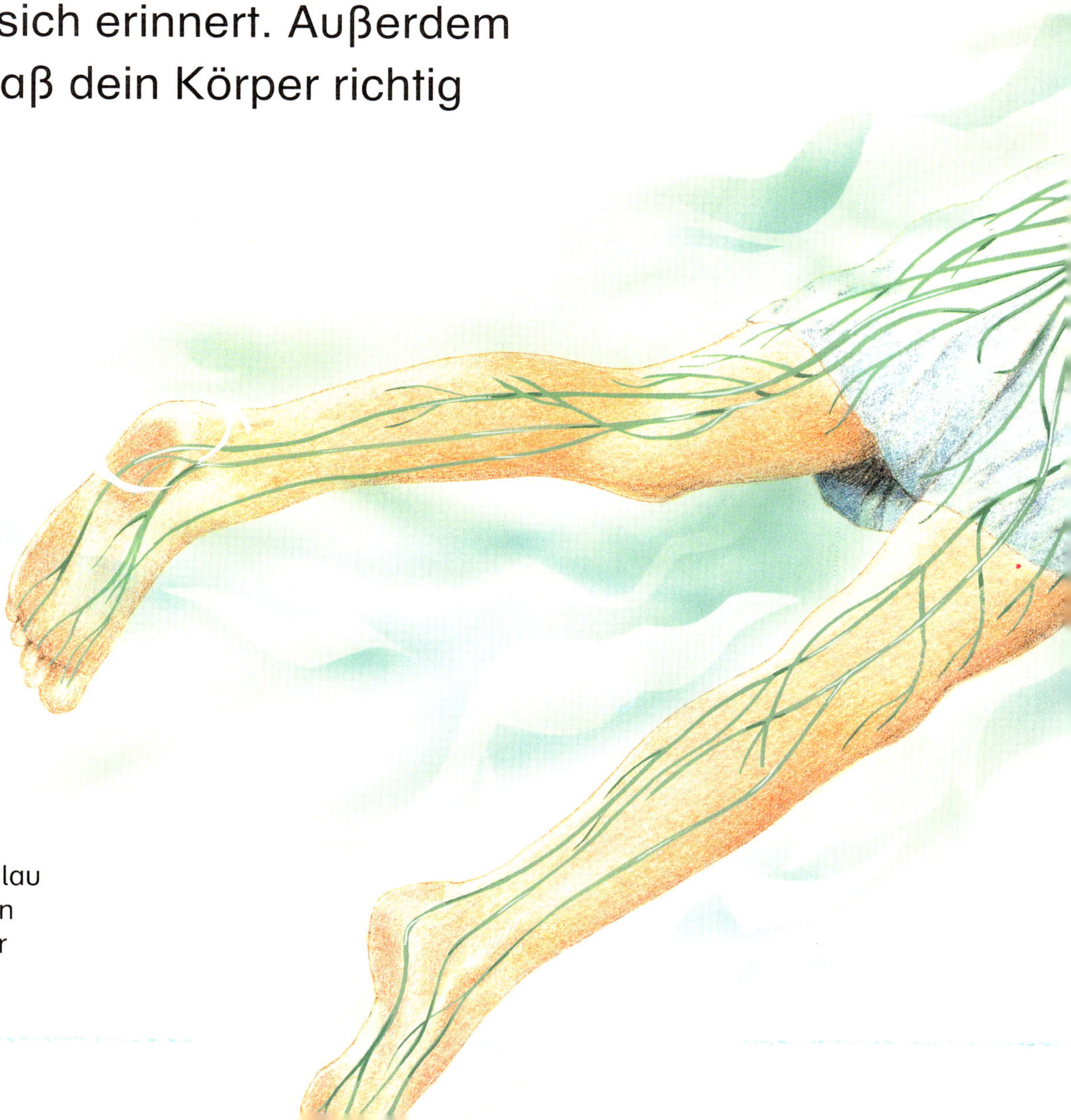

Die Nerven teilen dem Körper mit, was mit ihm passiert, zum Beispiel, ob ihm zu warm oder zu kalt ist.

Die Botschaften werden von den Nerven sehr schnell befördert – die schnellsten mit einer Geschwindigkeit von 540 km/h!

Die Nerven beginnen im Gehirn und ziehen sich dann als dickes Bündel durch die Wirbelsäule. Von dort aus verzweigen sie sich in alle Körperteile.

Wie kann ich etwas fühlen?

Fast ununterbrochen erhält das Gehirn Botschaften über alles, was in deinem Körper und um ihn herum passiert. Einige von ihnen beziehen sich auf das, was du fühlst und empfindest. All diese Botschaften werden über Leitungen zum Gehirn befördert, die Nerven heißen.

Der Schmerz ist ein Gefühl, das dich davor warnt, daß irgend etwas im Körper nicht richtig läuft. Es ist ein Warnsignal des Körpers. Es tut weh, wenn du dir einen Zeh stößt, weil dein Körper dir damit sagt, daß du stehenbleiben sollst – etwas liegt in deinem Weg!

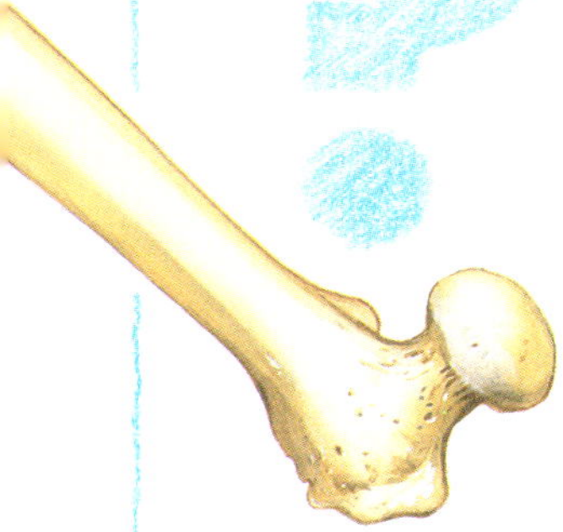

Wie viele Knochen habe ich?

Als du geboren wurdest, hattest du etwa 350 Knochen. Doch wenn du erwachsen bist, werden es nur noch ungefähr 200 sein!

Die fehlenden Knochen gehen natürlich nicht verloren. Aber wenn du älter wirst, wachsen viele kleinere Knochen zu größeren zusammen.

Ohne die Knochen, die dir deine Form geben, würdest du aussehen wie ein weicher, schlapper Sack.

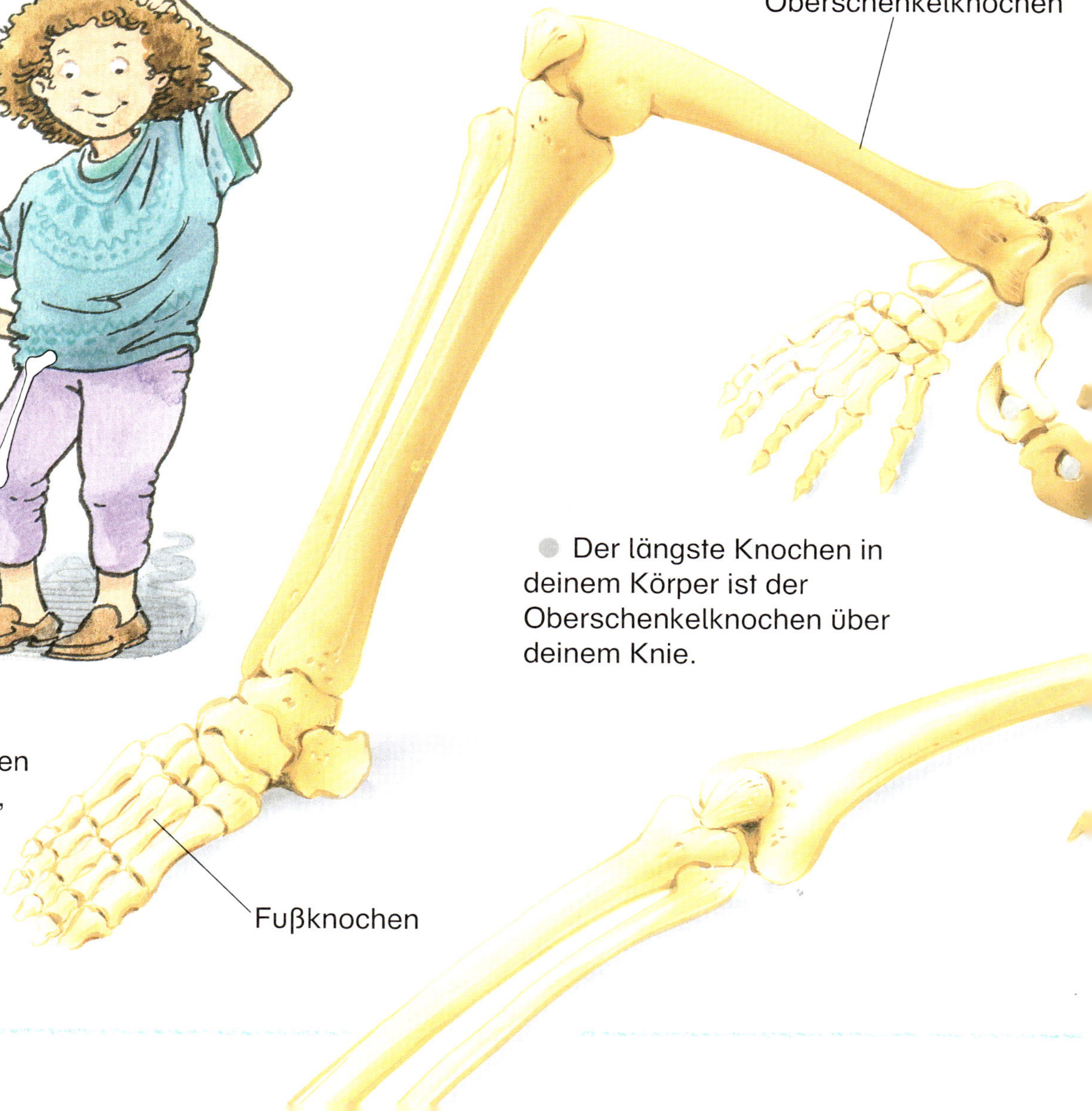

Der längste Knochen in deinem Körper ist der Oberschenkelknochen über deinem Knie.

Deine Knochen bestehen zum Teil aus einem harten, steinähnlichen Material, das Kalzium heißt, aber anders als Steine sind sie lebendig. Sie wachsen mit dir.

Die meisten Menschen haben zwölf Rippenpaare, manche sogar dreizehn. Sie schützen Herz und Lunge.

Dein Schädel besteht zwar aus vielen Knochen, doch die meisten von ihnen sind miteinander verwachsen. Nur der Kieferknochen ist beweglich.

Knochen sind sehr hart und stabil. Sie schützen die empfindlichen Teile im Jnnern des Körpers (zum Beispiel das Gehirn) vor Verletzungen.

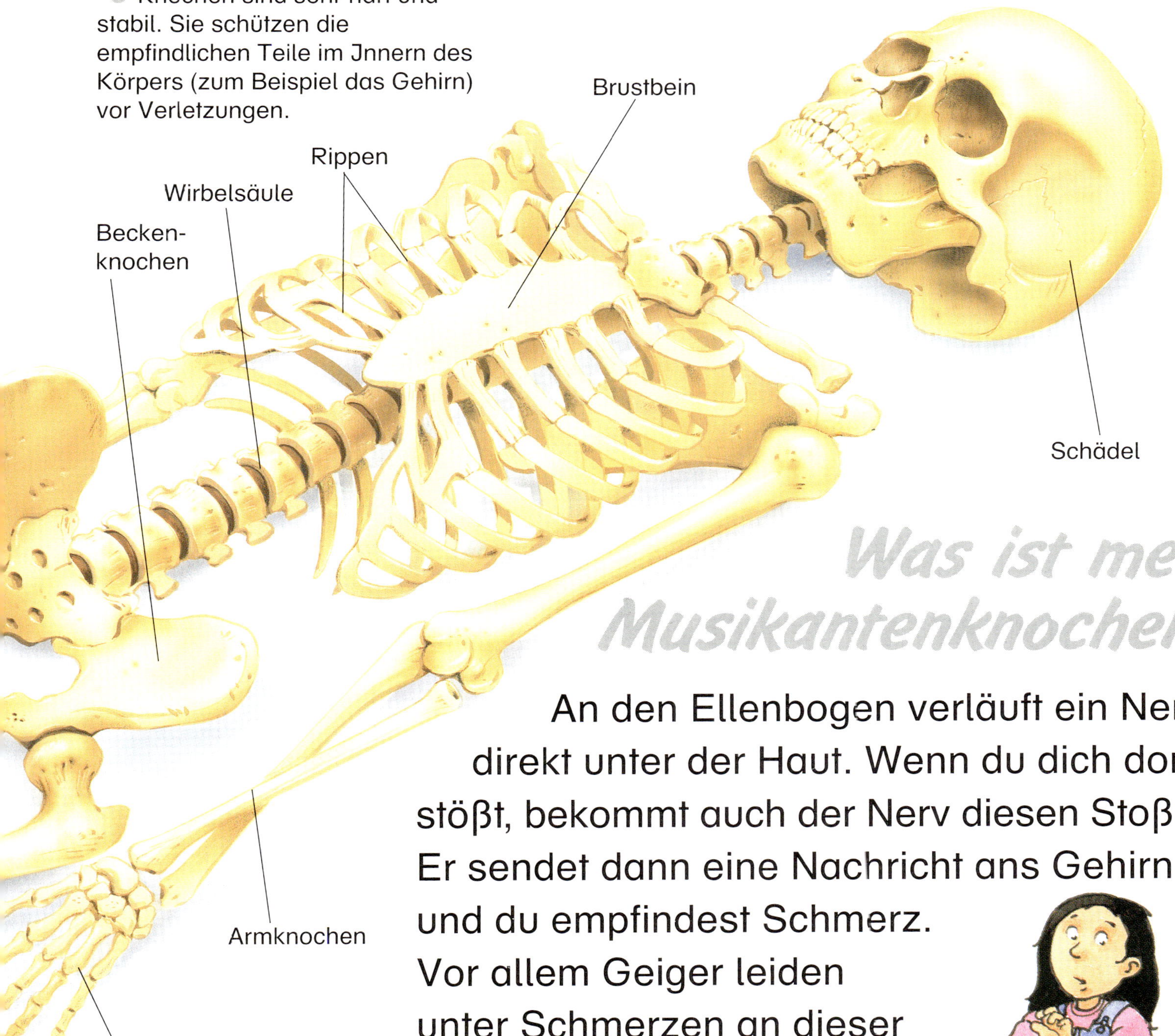

Was ist mein Musikantenknochen?

An den Ellenbogen verläuft ein Nerv direkt unter der Haut. Wenn du dich dort stößt, bekommt auch der Nerv diesen Stoß ab. Er sendet dann eine Nachricht ans Gehirn, und du empfindest Schmerz. Vor allem Geiger leiden unter Schmerzen an dieser Stelle, weil sie den Arm viel bewegen – daher der Name.

Wozu ist die Haut da?

Die Haut ist die dehnbare Hülle deines Körpers. Sie bedeckt ihn vollkommen, umschließt seine inneren Teile und schützt ihn vor Verletzungen.

Deine Haut erhält ihre Farbe von einem Stoff, der Melanin genannt wird. Menschen mit dunkler Haut haben mehr Melanin als Menschen mit heller Haut.

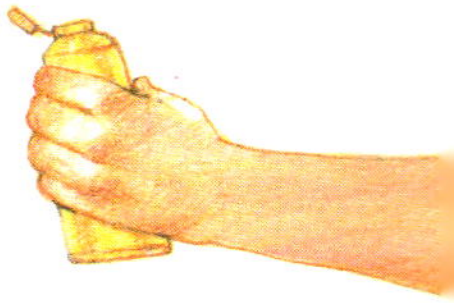

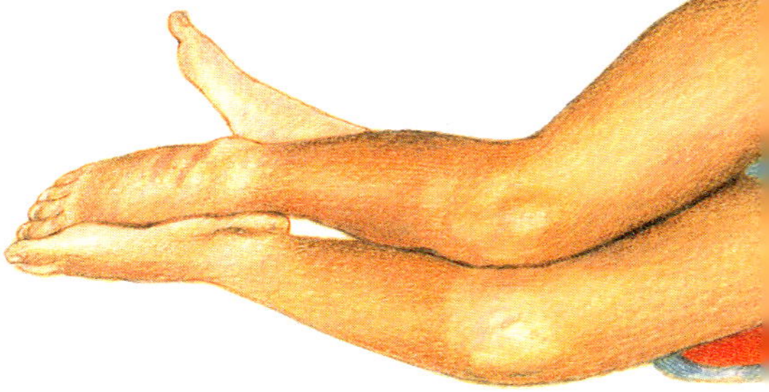

Wie dick ist meine Haut?

An den meisten Stellen ist deine Haut nicht viel dicker als Pappe. Doch obwohl sie so dünn ist, passiert sehr viel in ihr. Jn der Haut wachsen Haare, und auch Schweiß wird in ihr gebildet. Außerdem enthält sie Blutgefäße und Nerven, die Botschaften ans Gehirn senden.

So sieht deine Haut unter dem Mikroskop aus.

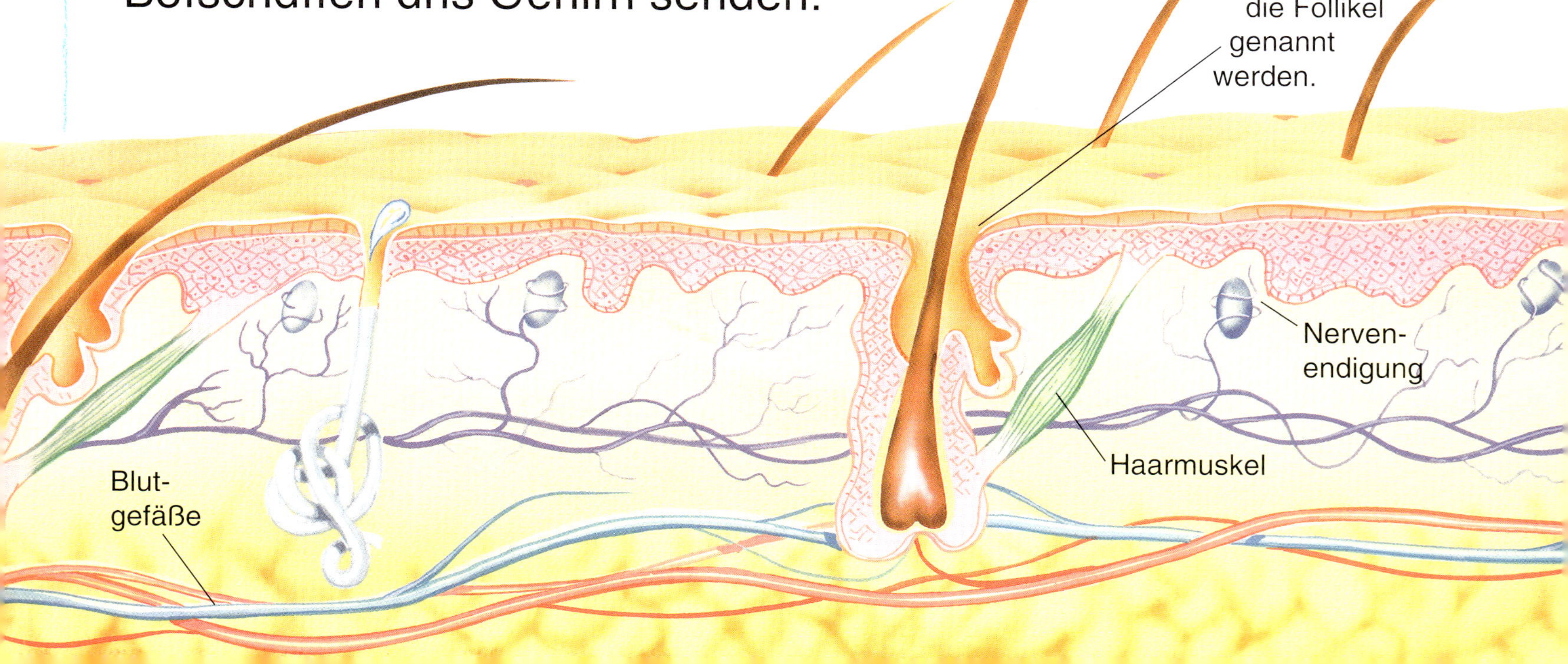

Was ist eine Gänsehaut?

Wenn eine Katze friert, stellt sie ihr Fell auf. Die aufgestellten Fellhaare halten viel warme Luft dicht am Körper. Auch deine Haare richten sich auf, wenn dir kalt ist. Die Gänsehaut entsteht, weil sich dabei die kleinen Haarmuskeln zusammenziehen. Das nützt jedoch nicht viel, weil du nicht genug Haare hast!

- Ob du nun helle oder dunkle Haut hast, zuviel Sonne kann deine Haut verbrennen. Trage deshalb einen Sonnenhut und reibe dich mit Sonnenschutzcreme ein.

- Schweiß ist salziges Wasser, das dein Körper abgibt, wenn er zu warm ist.

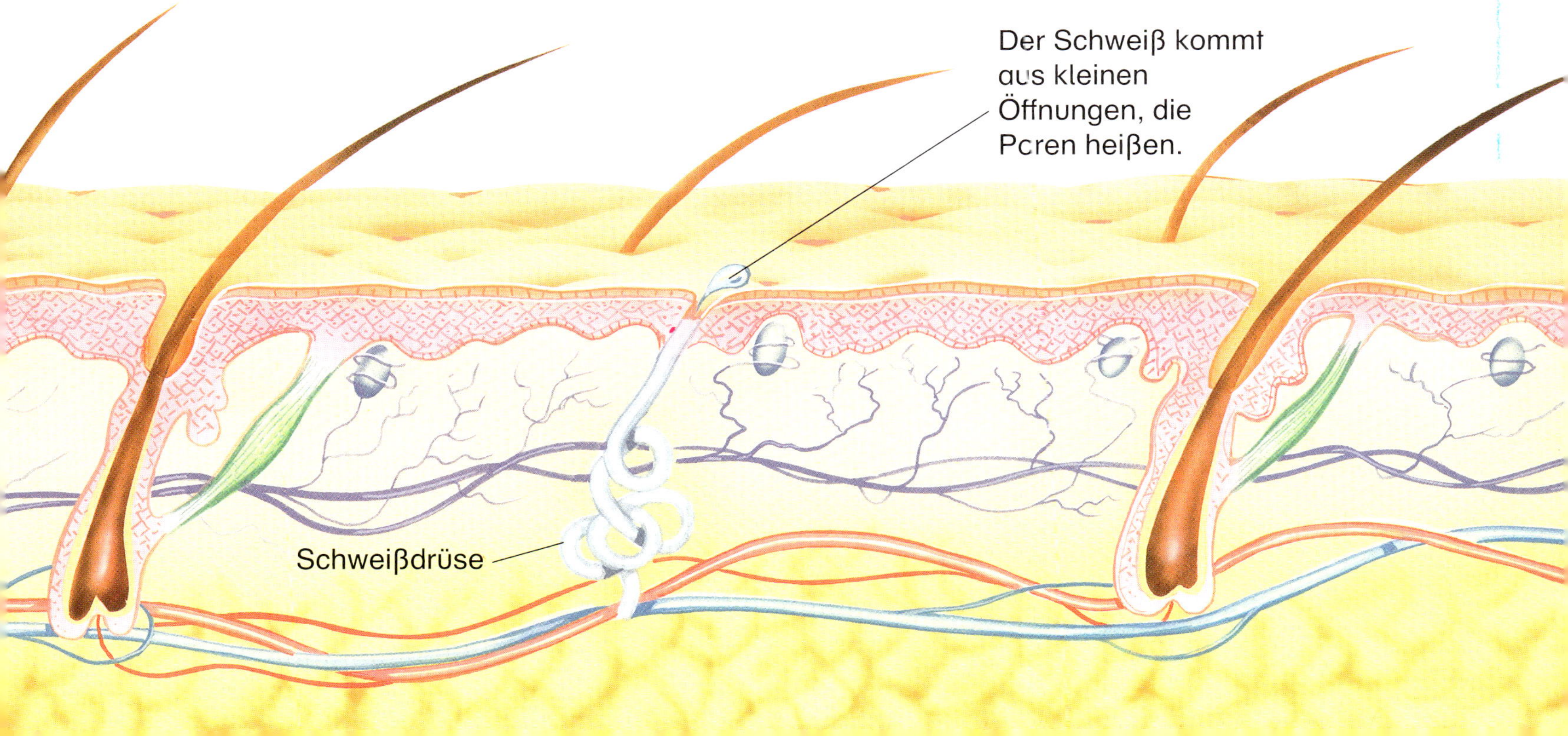

Wie bewege ich mich?

Die Muskeln bewegen die Knochen. Wenn du lachst oder weinst, sprichst oder ißt, läufst oder springst, tun deine Muskeln die Arbeit.

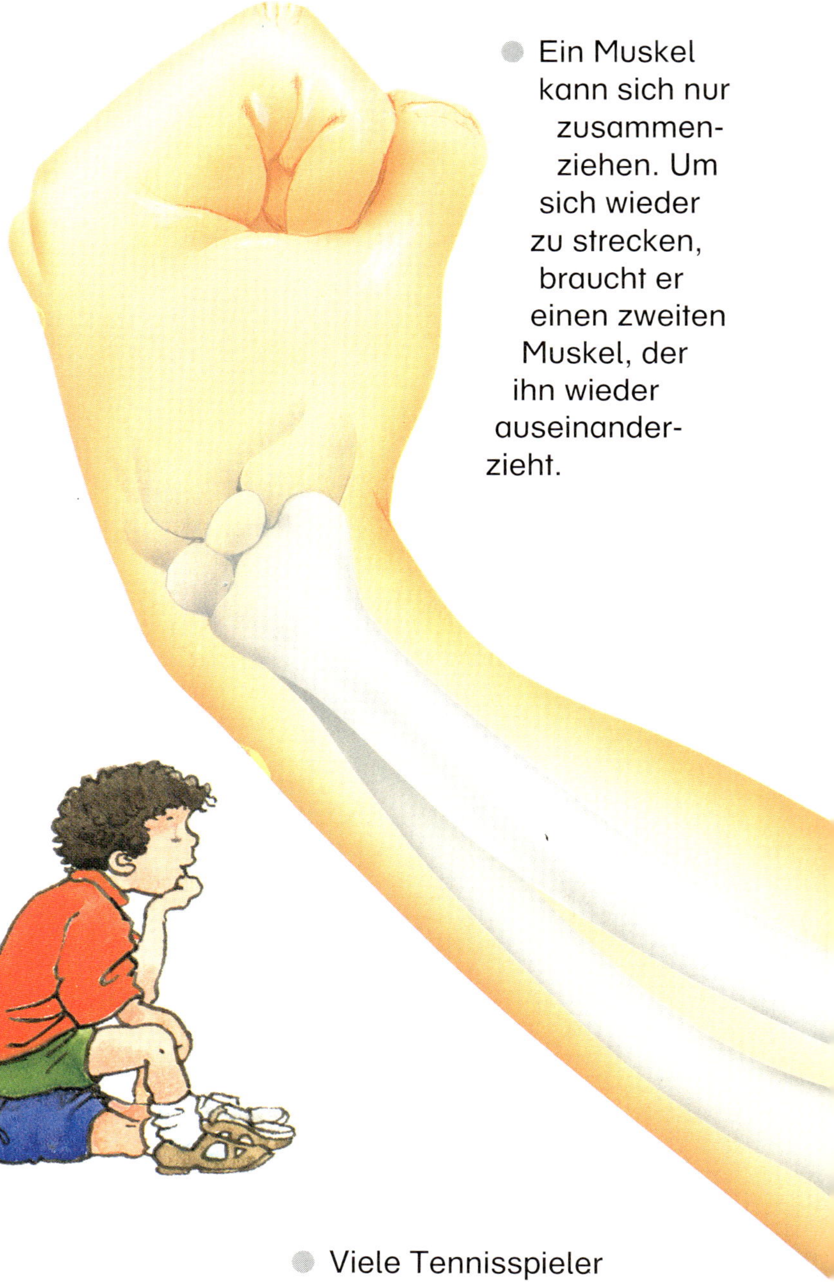

- Ein Muskel kann sich nur zusammenziehen. Um sich wieder zu strecken, braucht er einen zweiten Muskel, der ihn wieder auseinanderzieht.

- Die größten Muskeln sind die, auf denen du sitzt!

Warum haben starke Menschen große Muskeln?

Muskeln, die viel gebraucht werden, werden groß und kräftig. Aus diesem Grund müssen Sportler viel trainieren.

- Viele Tennisspieler haben in dem Arm, mit dem sie den Schläger führen, stärkere Muskeln als im anderen.

Um einen Knochen zu bewegen, verkürzt sich ein Muskel und zieht den Knochen in eine Richtung. Um den Knochen wieder zurückzuziehen, verkürzt sich ein anderer Muskel. Die Muskeln sind durch starke weiße Sehnen an den Knochen befestigt.

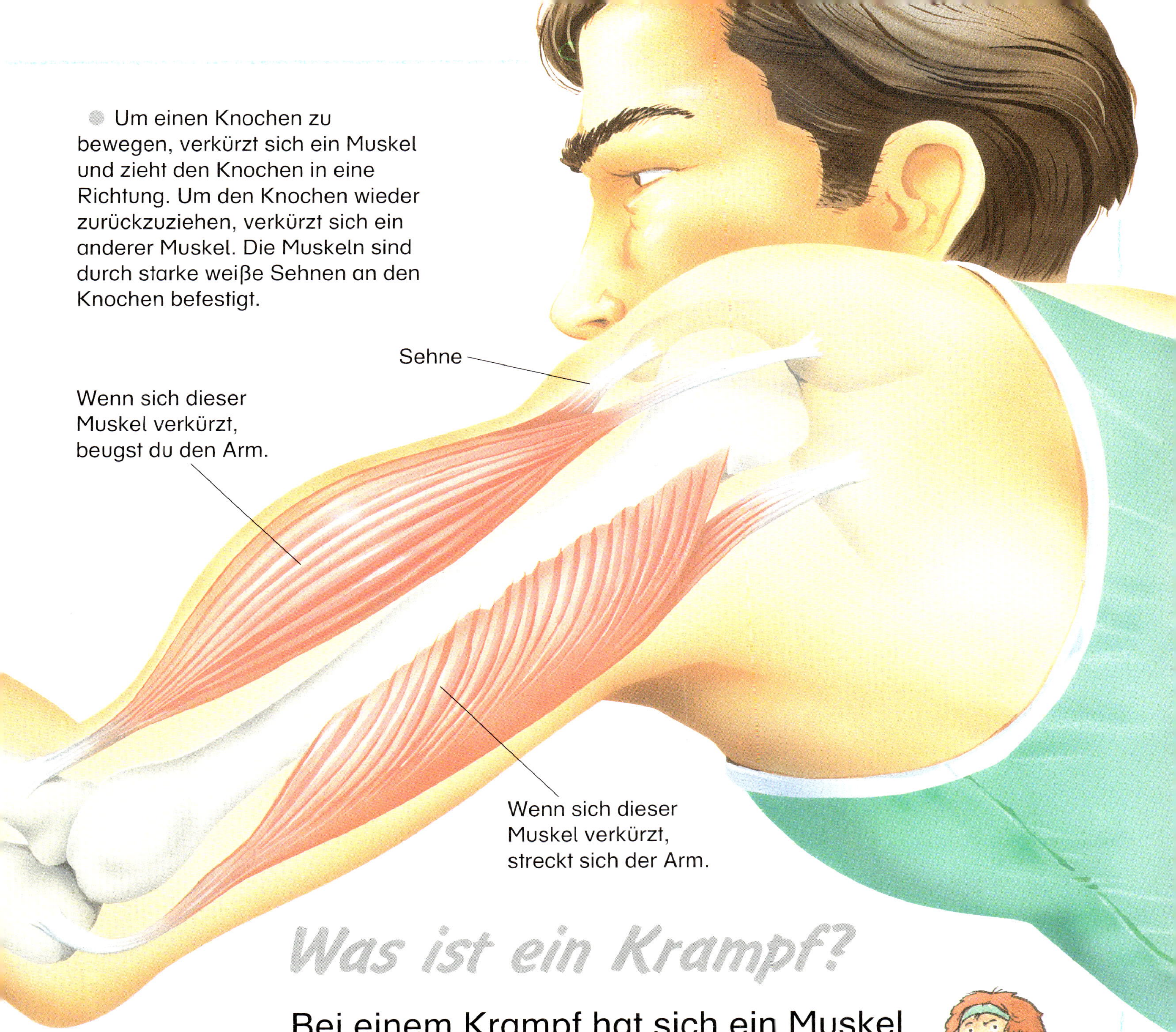

Was ist ein Krampf?

Bei einem Krampf hat sich ein Muskel zusammengezogen und läßt sich nicht wieder auseinanderziehen. Das tut sehr weh. Niemand weiß genau, warum es zu solchen Krämpfen kommt, aber es hilft, wenn man den betroffenen Körperteil vorsichtig bewegt und reibt.

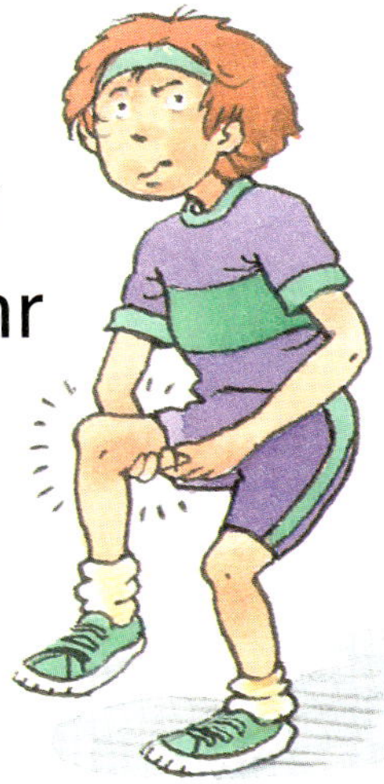

Hast du nach dem Laufen schon einmal Seitenstechen gehabt? Das sind Schmerzen direkt unter den Rippen. Dann hattest du einen Krampf in den Atemmuskeln unter der Lunge.

Warum atme ich?

Beim Atmen saugst du Luft in deinen Körper. Ohne Luft kannst du nicht leben, nicht einmal ein paar Minuten lang.

Der Grund: Jn der eingeatmeten Luft ist ein Gas enthalten, das Sauerstoff heißt, und dein Körper braucht Sauerstoff zum Leben.

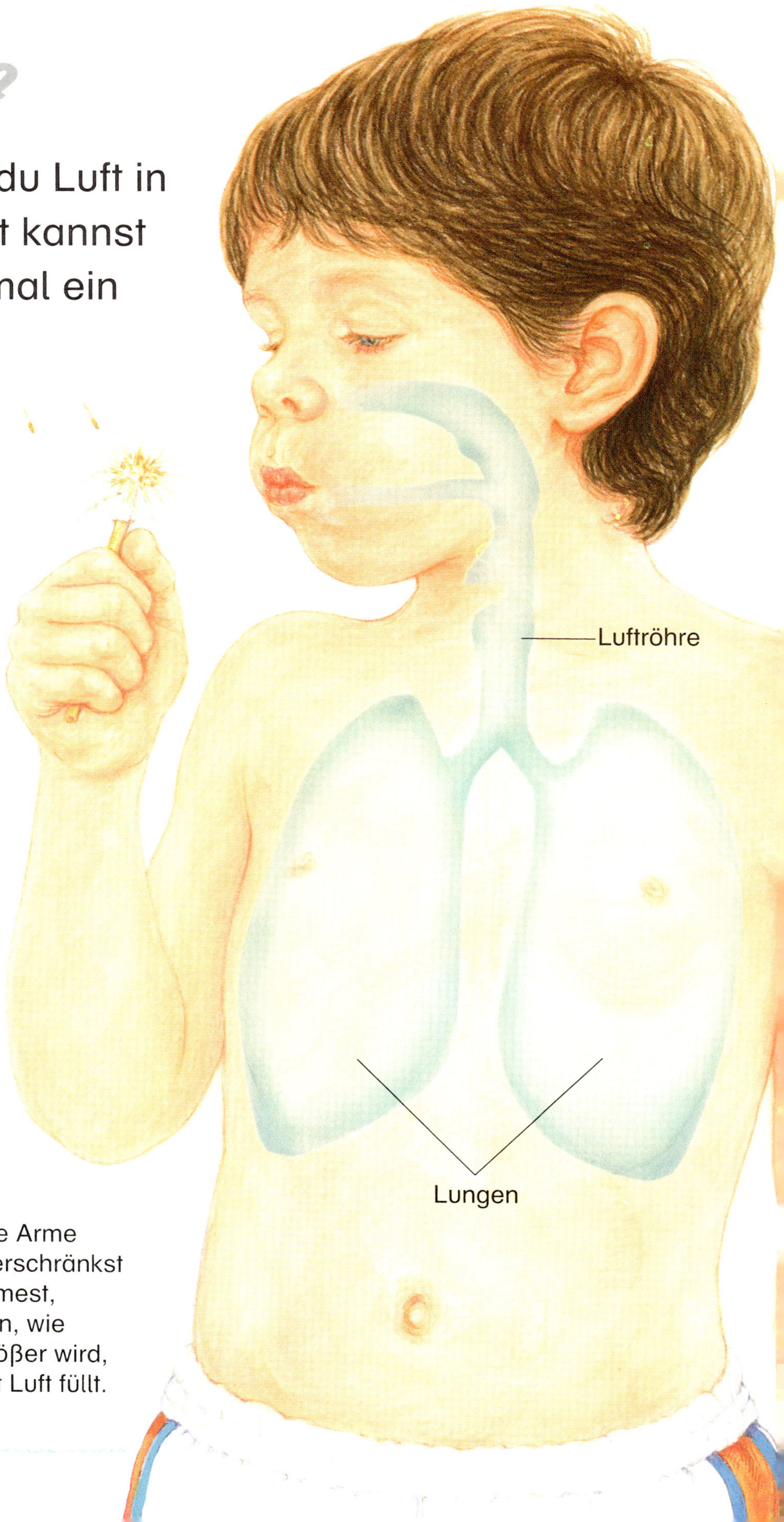

● Beim Einatmen strömt die Luft durch die Luftröhre. Sie wird von den schwammartigen Lungen aufgenommen.

● Wenn du die Arme vor der Brust verschränkst und dann einatmest, kannst du fühlen, wie deine Lunge größer wird, weil sie sich mit Luft füllt.

Woher kommt der Schluckauf?

Unter der Lunge liegt das Zwerchfell, eine große Muskelplatte, die dir beim Atmen hilft. Wenn dieser Muskel mal unregelmäßig zuckt, wird Luft ruckweise in deine Lunge gesaugt und du bekommst einen Schluckauf. Damit nicht zuviel Luft in die Lunge strömt, schließt sich eine Klappe in der Luftröhre. Sie schneidet den Luftstrom so plötzlich ab, daß dein ganzer Körper zuckt.

Die Luft strömt ein.

Die Klappe in der Luftröhre schlägt zu: So entsteht das Schluckauf-Geräusch.

Warum muß ich niesen?

Wenn Staub oder Bakterien in deine Nase geraten, niest du, um sie loszuwerden. Die Luft schießt aus der Lunge, und die Nase wird frei.

Beim Niesen saust die Luft mit mehr als 160 Stundenkilometern durch deine Nase!

Was tut mein Herz?

Dein Herz ist ein großer, hohler Muskel, der das Blut durch den Körper befördert. Wenn du dir die Hand auf die Brust legst, kannst du fühlen, wie es schlägt. Mit jedem Schlag pumpt es das Blut durch den Körper.

- Wenn du hören willst, wie ein Herz schlägt, lege dein Ohr an einem ruhigen Ort auf die Brust eines Freundes. Du hörst zwei dicht aufeinanderfolgende Laute, die klingen wie „lab-dab, lab-dab“.

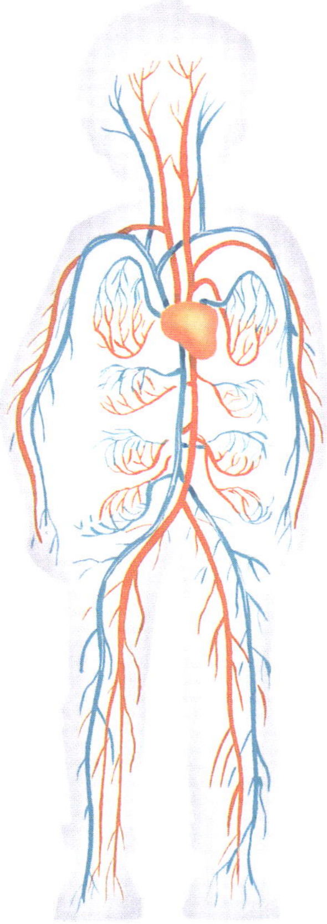

- Das Blut fließt durch dünne Röhren, die Blutgefäße genannt werden.

- Dein Körper verbraucht pausenlos Sauerstoff. Deshalb muß er ständig neuen Sauerstoff aus den Lungen bekommen.

● Eine Seite des Herzens pumpt Blut zur Lunge, wo es Sauerstoff aufnimmt. Die andere Seite pumpt das Blut durch den Körper.

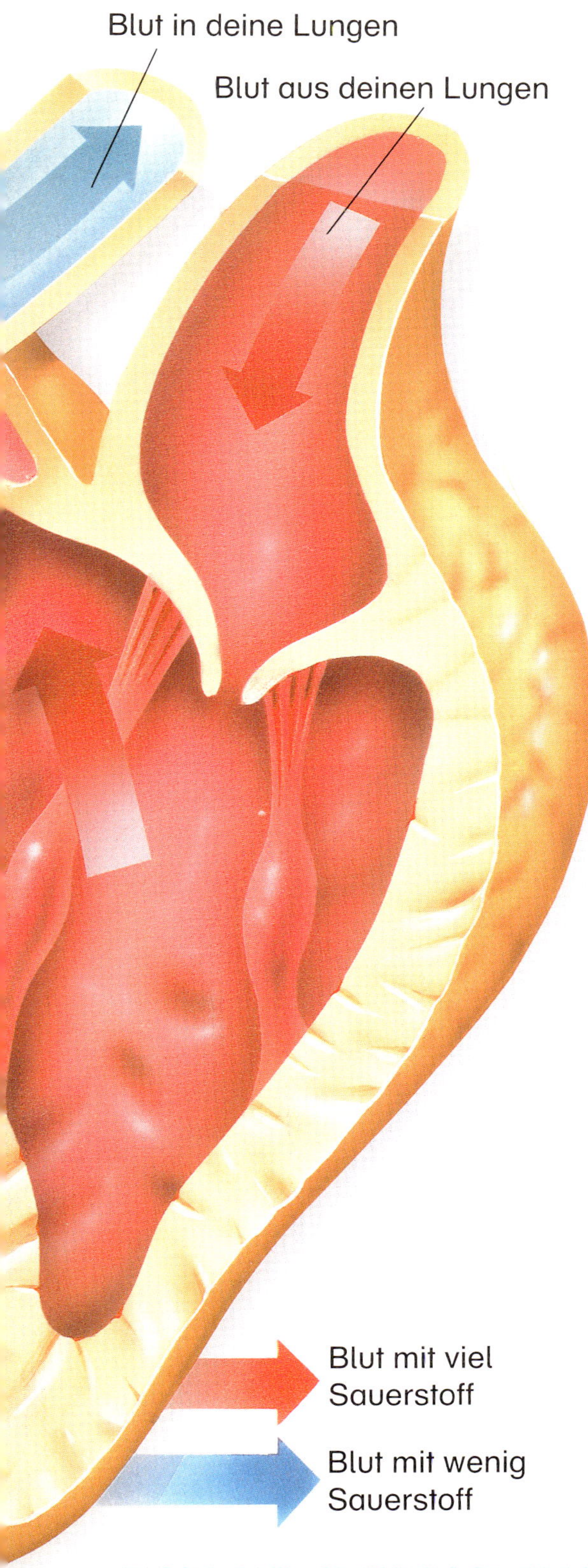

Wozu brauche ich Blut?

● Die meisten Jnsekten haben farbloses Blut.

Dein Blut ist eine Art schnellfließender Fluß, der durch deinen Körper strömt. Es übernimmt die Aufgabe des Transports. So befördert es zum Beispiel Sauerstoff aus der eingeatmeten Luft und Nährstoffe aus deiner Nahrung dorthin, wo der Körper sie gerade braucht. Außerdem hilft es bei der Abwehr von Krankheiten.

● Als Baby hattest du nur knapp einen Liter Blut – kaum eine Milchpackung voll. Wenn du erwachsen bist, wirst du etwa fünf Liter Blut in dir haben – fast einen halben Eimer voll!

Wie groß ist mein Herz?

Dein Herz wächst mit dir. Es ist immer ein bißchen größer als deine Faust.

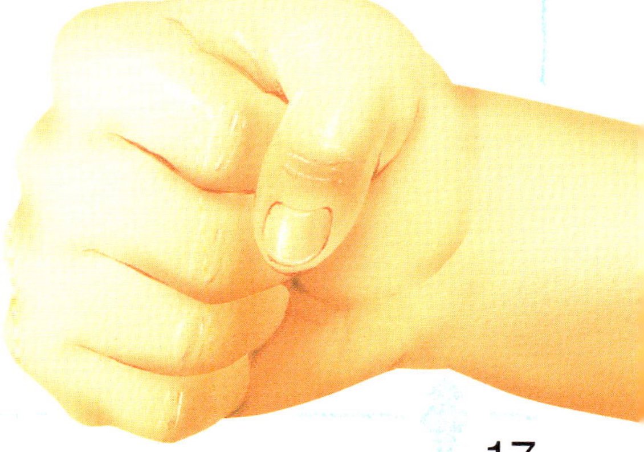

Warum blinzle ich?

Die Jris ist der farbige Teil des Auges. Sie wirkt ähnlich wie ein Vorhang vor einem Fenster – wenn es dunkel ist, geht die Jris weit auf, damit mehr Licht in das Auge fällt. Wenn es sehr hell ist, zieht sie sich zusammen, um das Auge vor zu viel Licht zu schützen.

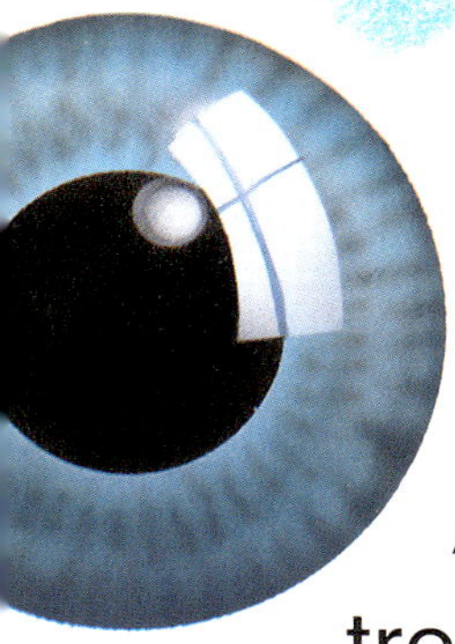

Jn deinen Augen sind immer Tränen, nicht nur, wenn du weinst. Durch das Blinzeln werden die Tränen über die Augen verteilt, so daß sie nicht austrocknen und wehtun.

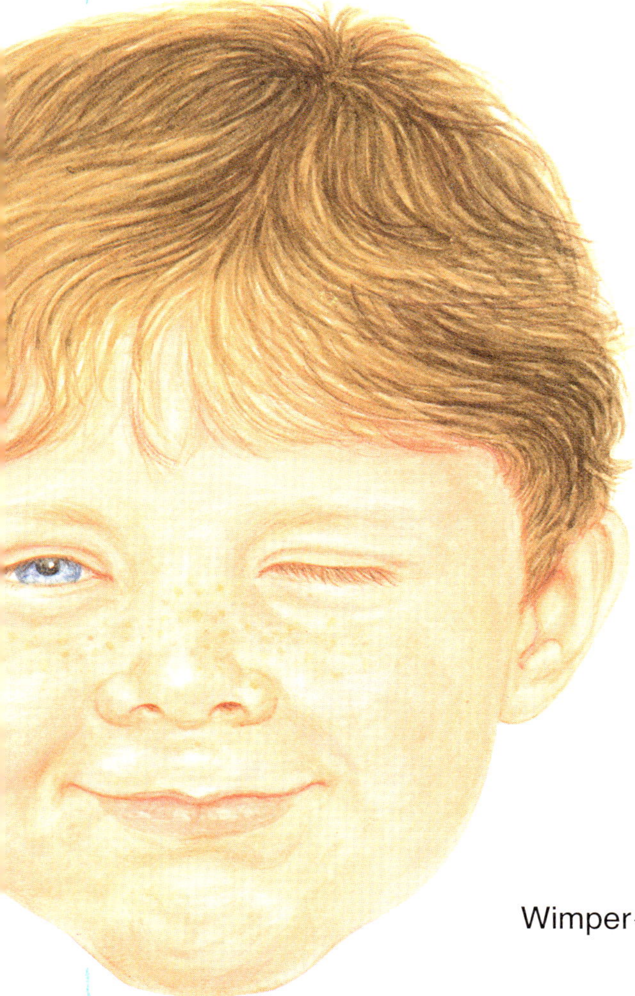

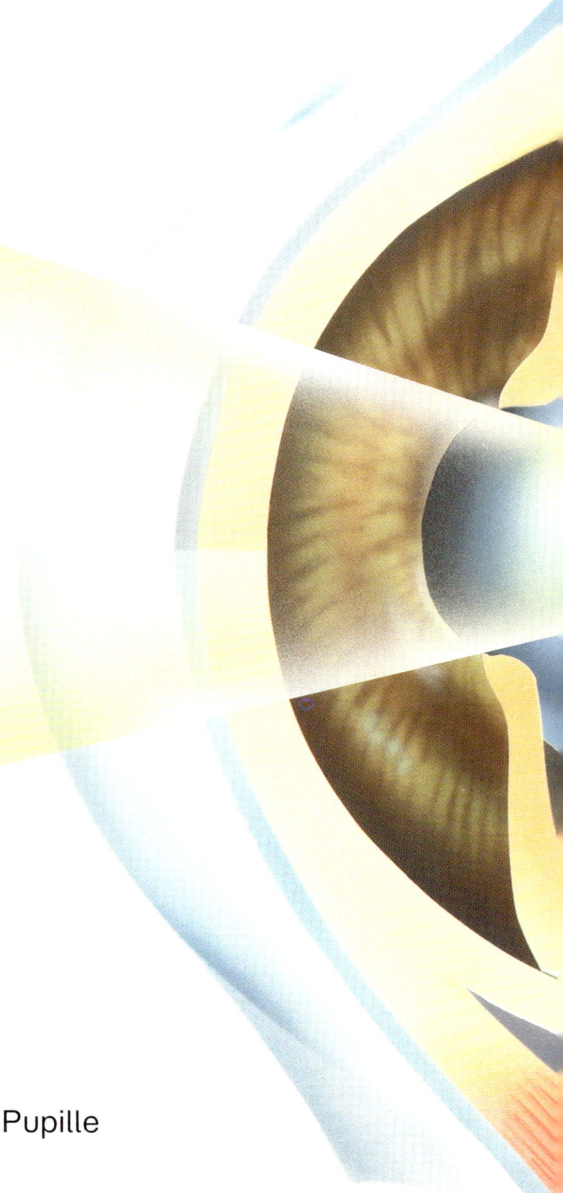

Ein Blinzeln dauert etwa ein Drittel einer Sekunde. Du blinzelst jeden Tag viele Tausendmal.

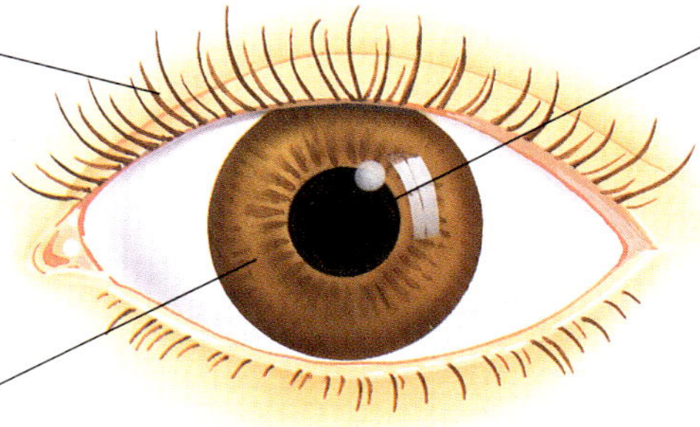

Die Wimpern helfen, Staub und Schmutz von den Augen fernzuhalten.

Das schwarze Loch in der Mitte des Auges heißt Pupille.

Eine geleeartige Masse gibt dem Augapfel seine Kugelform, wie die Luft in einem Ballon.

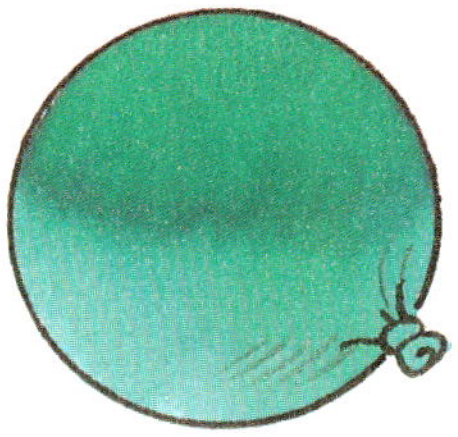

Warum kann ich im Dunkeln nichts sehen?

Du kannst im Dunkeln nicht viel erkennen, weil deine Augen Licht brauchen, um etwas zu sehen. Wenn du deine Augen im Spiegel betrachtest, siehst du in ihrer Mitte ein schwarzes Loch. Das Licht aus deiner Umgebung fällt durch dieses Loch. Dann schicken deine Augen eine Botschaft an das Gehirn, damit du weißt, was du siehst.

Hinten im Auge liegt die Netzhaut. Das Bild, das hier entsteht, steht auf dem Kopf, doch dein Gehirn dreht es wieder „richtig“ herum.

Hier verläuft ein Nervenbündel, das die Botschaften ans Gehirn leitet.

An der Vorderseite des Auges ist eine Linse. Sie sorgt dafür, daß du alles scharf siehst, denn sie läßt das Licht an die richtige Stelle im Augenhintergrund gelangen.

Warum sind Ohren so komisch geformt?

Die Form der Ohren hilft ihnen, Geräusche aufzufangen. Die Geräusche dringen in das Jnnenohr in deinem Kopf ein. Viele Tiere wie etwa die Kaninchen können ihre Ohren in die Richtung eines Geräusches drehen.

Warum wird mir schwindelig, wenn ich mich drehe?

Jm Jnnern jedes Ohres befinden sich drei bogenförmige Röhren, die mit einer wäßrigen Flüssigkeit gefüllt sind. Sie gerät in Bewegung, wenn du dich drehst. Nerven nehmen diese Bewegung auf und melden dem Gehirn, daß du dich drehst. Wenn du stehenbleibst, schwappt die Flüssigkeit noch. Dein Gehirn erhält eine Falschmeldung, und dir ist schwindelig.

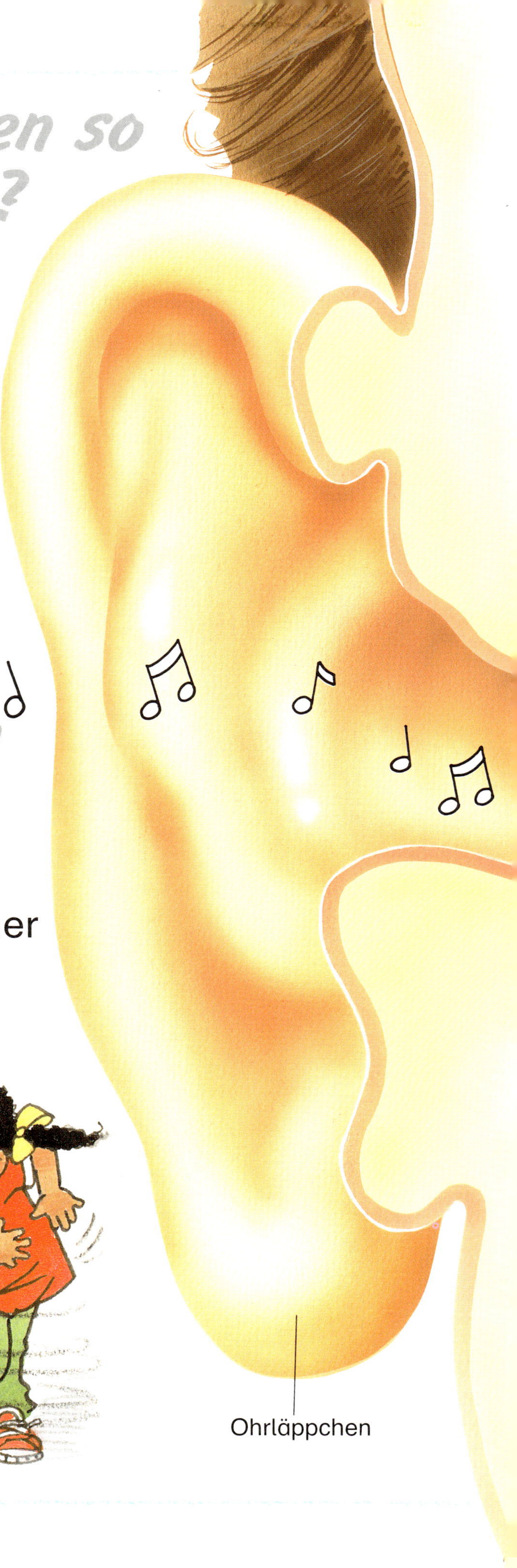

Wozu ist meine Nase da?

Wenn du erkältet bist, ist deine Nase „zu“. Dann kann keine Luft an die Nerven in der Nase gelangen, und du schmeckst nicht, was du ißt.

Mit deiner Nase kannst du riechen. Außerdem hilft sie der Zunge beim Schmecken. Das ist möglich, weil winzige Duftteilchen aus der Nahrung beim Essen mit der Luft in die Nase gelangen. Diese Teilchen sind so klein, daß man sie nicht sehen kann, aber Nerven in der Nase finden sie und schicken Meldungen über sie an das Gehirn.

Mit diesem Versuch kannst du ausprobieren, wie stark dir die Nase beim Schmecken hilft.

1 Nimm zwei verschiedene Sorten Fruchtjoghurt.

2 Schließe die Augen und halte dir die Nase zu.

3 Versuche herauszufinden, welchen Joghurt du gerade ißt.

Um herauszufinden, wie dir deine Zunge beim Sprechen hilft, lege deinen Finger darauf und versuche, „Hallo“ zu sagen.

Wozu ist meine Zunge da?

Mit der Zunge schmeckst du, aber sie hilft dir auch beim Sprechen und Singen. Sie ist mit vielen kleinen Höckern bedeckt, die Geschmacksknospen heißen und die über die Geschmacksnerven dem Gehirn von all den leckeren Dingen berichten, die du ißt und trinkst.

Warum fallen Zähne aus?

Wenn du heranwächst, werden auch die meisten Teile deines Körpers größer. Aber Zähne können nicht wachsen, deshalb werden sie durch neue ersetzt. Solange du noch klein bist, hast du zwanzig kleine Zähne, die Milchzähne heißen. Wenn du etwa fünf oder sechs Jahre alt bist, fangen sie an auszufallen und an ihrer Stelle wachsen neue, größere Zähne.

Wenn du erwachsen bist, wirst du zwischen 28 und 32 Zähne haben.

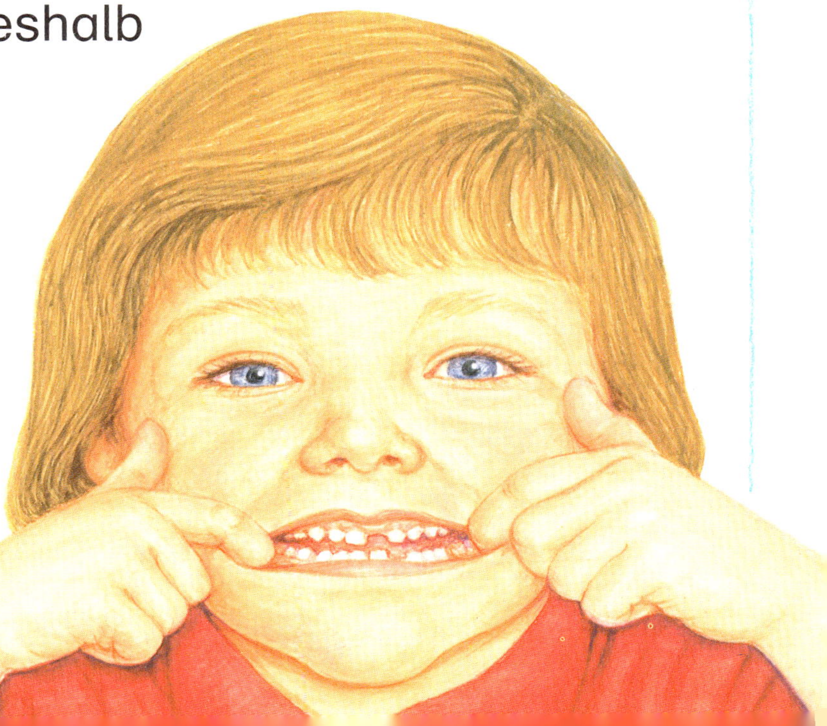

Wo bleibt mein Essen?

Dein Körper sagt dir, daß er Nahrung braucht, indem er dich hungrig werden läßt.

Alles, was du ißt oder trinkst, wird durch eine enge Röhre in den Magen befördert. Er knetet das Essen so lange durch, bis es zu einem Brei geworden ist. Dieser wandert durch einen sehr langen gewundenen Schlauch, der Darm heißt. Jetzt sind die verwertbaren Bestandteile deiner Mahlzeit so stark zerkleinert, daß sie ins Blut übergehen und sich im ganzen Körper verteilen, damit er Energie zum Leben und Wachsen gewinnt.

Warum muß ich auf die Toilette?

Jn deiner Nahrung sind auch Teile enthalten, die der Körper nicht verwenden kann. Sie werden bis ans Ende des Darms geschoben, und wenn du auf die Toilette gehst, werden sie durch eine Öffnung in deinem Po, dem After, ausgeschieden.

Das Wasser, das dein Körper nicht braucht, wird Urin genannt. Es kommt aus einer anderen Öffnung heraus.

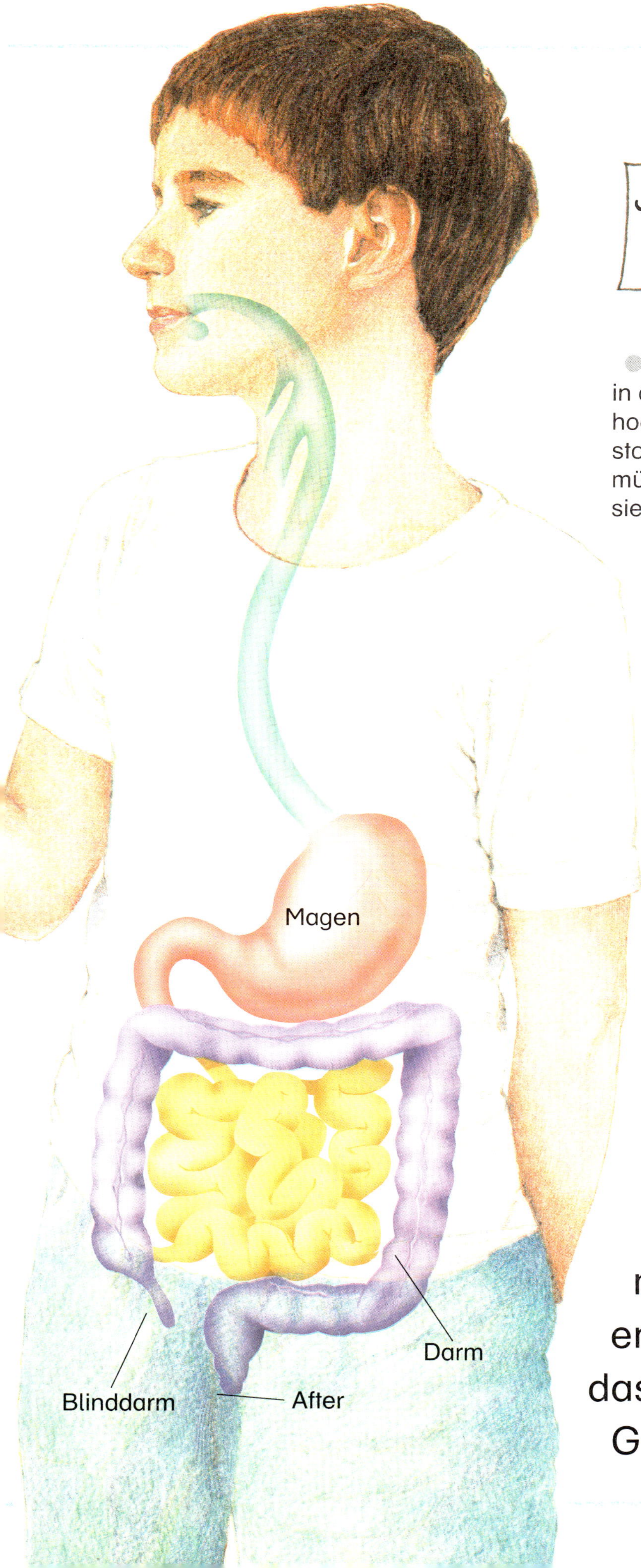

Es kann manchmal ein oder zwei Tage dauern, bis etwas, das du gegessen hast, seine Reise durch den Körper beendet hat.

Wenn Luft aus dem Magen in der Speiseröhre wieder hochkommt, mußt du aufstoßen. Viele Leute müssen aufstoßen, wenn sie Brause getrunken haben.

Warum knurrt mein Magen?

Wenn dein Magen ein paar Stunden lang leer war, füllt er sich mit einem Gas – so etwas ähnlichem wie Luft. Dann fängt der Magen an, das Gas so durchzukneten, wie er es mit Essen tun würde. Dabei entsteht ein rumpelndes Geräusch, das sich beinahe anhört wie ein Gewitter!

Warum muß ich schlafen?

Wenn du schläfst, haben deine Muskeln nicht viel zu tun, und dein Gehirn braucht sich nicht darum zu kümmern, was um dich herum passiert. Diese Teile deines Körpers brauchen ihre Ruhe. Außerdem hat dein Körper im Schlaf Zeit zu wachsen und, wenn du krank bist, wieder gesundzuwerden.

Babys müssen viel schlafen, weil sie so schnell wachsen.

Was ist Schlafwandeln?

Manche Menschen stehen im Schlaf auf und laufen herum. Sie wissen aber nicht, daß sie das tun. Wenn sie aufwachen, können sie sich meistens auch nicht mehr daran erinnern!

Jeder Mensch bewegt sich im Schlaf. Manchmal drehst du dich um oder strampelst sogar mit den Beinen!

Jm Schlaf atmest du langsamer, und auch dein Herz schlägt weniger schnell.

Auch Tiere träumen. Hunde zum Beispiel scheinen oft vom Jagen zu träumen.

Was ist ein Traum?

Ein Traum ist eine Geschichte, die sich dein Gehirn ausdenkt, während du schläfst. Jm Traum siehst und hörst du Dinge, die dir ganz wirklich vorkommen.

Manchmal hast du schöne Träume. Sie können aber auch beängstigend oder traurig sein, aber sie passieren nur in deinem Kopf.

Ein Traum, der dir Angst macht, ist ein Alptraum. Vielleicht weinst oder schreist du sogar im Schlaf. Aber sobald du aufwachst, ist der Alptraum vorbei.

Warum bin ich manchmal krank?

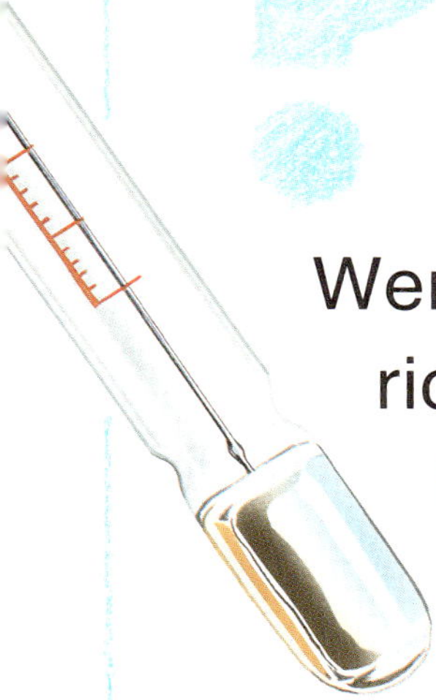

Wenn ein Teil deines Körpers nicht richtig funktioniert, wirst du krank. Dir geht es nicht gut. Vielleicht hast du Bauchschmerzen oder einen juckenden Hautausschlag. Viele Krankheiten werden durch Bakterien verursacht, die in deinen Körper eindringen.

Dein Körper bekämpft die eingedrungenen Bakterien. Vielleicht gibt der Arzt dir eine Medizin, die ihm dabei hilft.

Manche Bakterien lieben Schmutz. Wenn du dich aber regelmäßig wäschst und dir die Zähne putzt, können sie dir nichts tun.

Obwohl du dich bei einer Erkältung oft sehr krank fühlst, funktioniert dein Körper doch weitgehend normal.

Was sind Bakterien?

Bakterien sind winzige Lebewesen, die viel zu klein sind, als daß du sie sehen könntest. Jn unserer Umgebung und in unserem Darm leben ständig Milliarden von ihnen. Die meisten Bakterien sind harmlos, aber manche von ihnen können dich krank machen, wenn sie in deinen Körper gelangen – zum Beispiel durch eine Schnittwunde oder wenn du etwas Verdorbenes ißt. Wenn das passiert, bekämpft dein Blut die eingedrungenen Bakterien.

Warum bekomme ich eine Spritze?

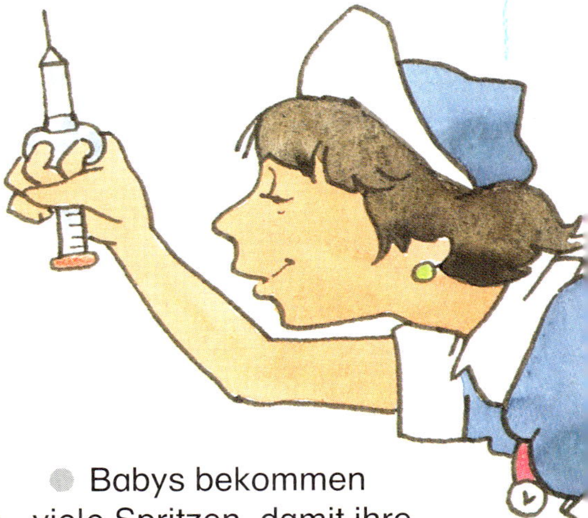

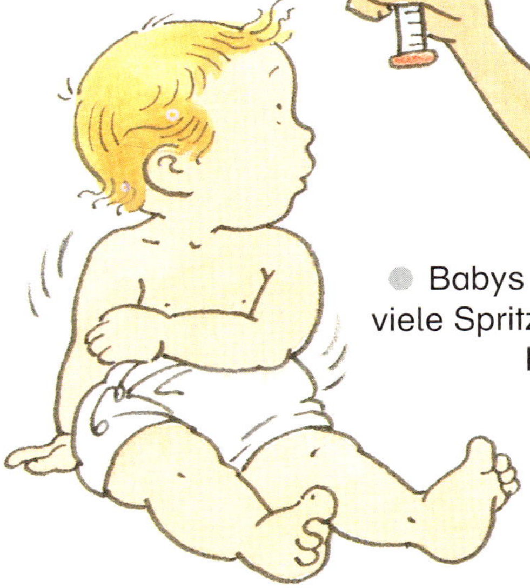

Ein Arzt oder eine Krankenschwester gibt dir eine Spritze, wenn eine Medizin direkt in dein Blut gelangen soll. Das mag niemand gern, aber ein kleiner Piekser ist besser, als lange krank zu sein.

Babys bekommen viele Spritzen, damit ihre Körper Bakterien bekämpfen können.

Woher komme ich eigentlich?

Du bist entstanden, als eine winzige Eizelle im Körper deiner Mutter (nicht größer als ein Punkt) mit einer Samenzelle deines Vaters verschmolz. Dann bist du gewachsen, bis du groß genug warst, um geboren zu werden.

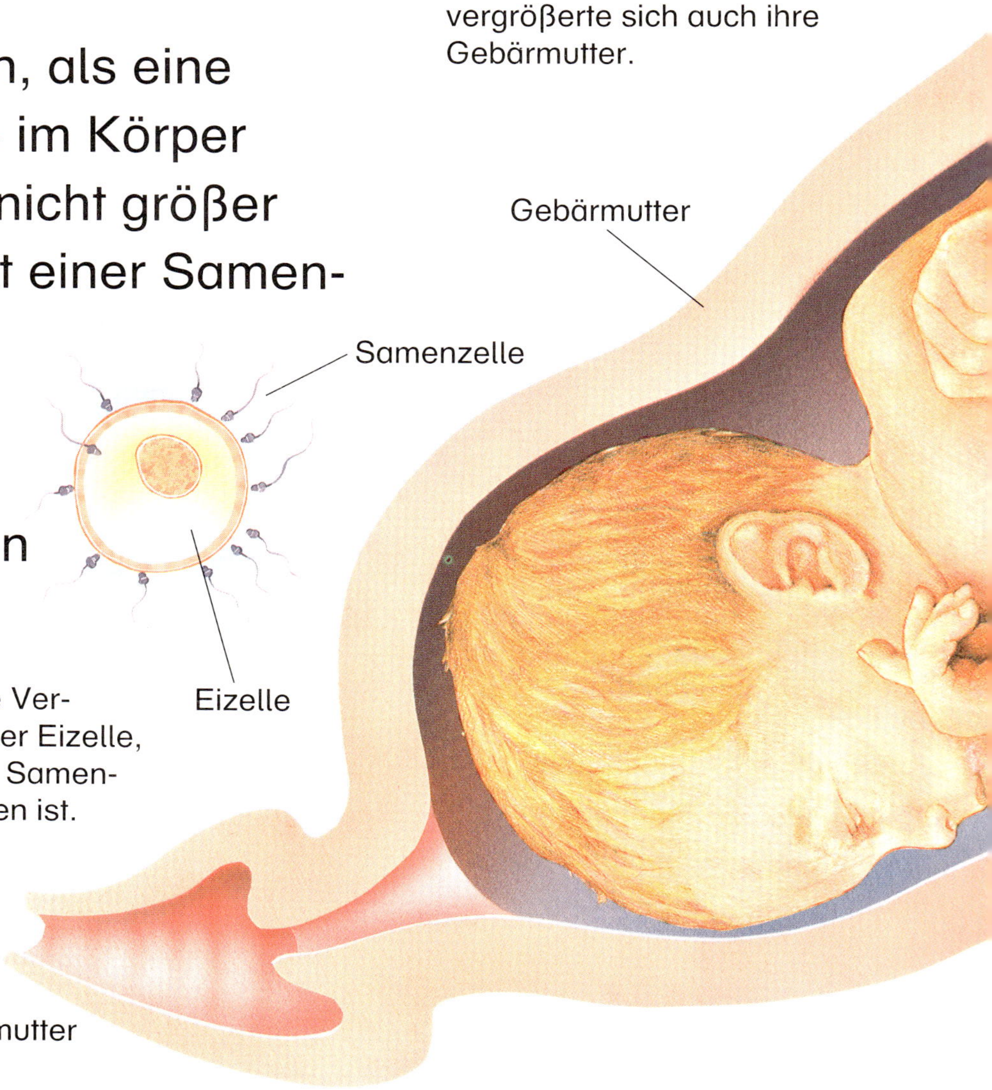

Das ist die Vergrößerung einer Eizelle, die von vielen Samenzellen umgeben ist.

Du warst etwa neun Monate lang in der Gebärmutter deiner Mutter. Als du größer wurdest, vergrößerte sich auch ihre Gebärmutter.

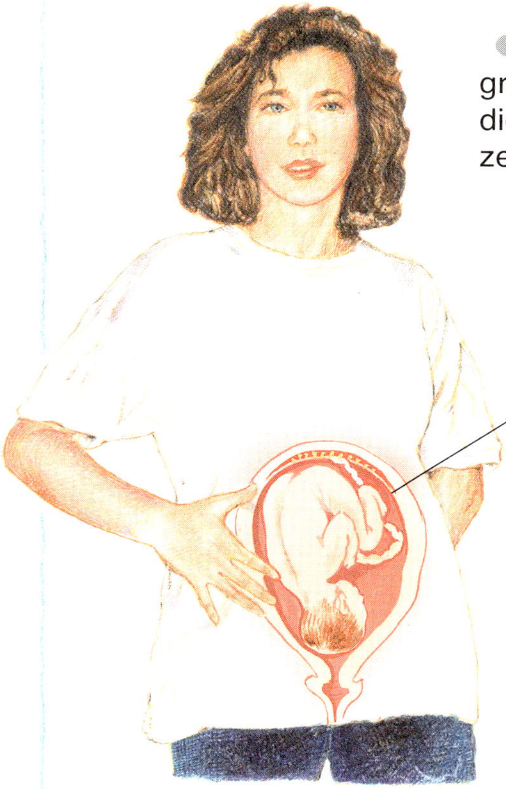

Du bist im Körper deiner Mutter herangewachsen, in einem Teil ihres Bauches, der Gebärmutter heißt.

Jn der Gebärmutter hast du in einer Art Sack voller Wasser gelebt, in dem du warm und sicher aufgehoben warst.

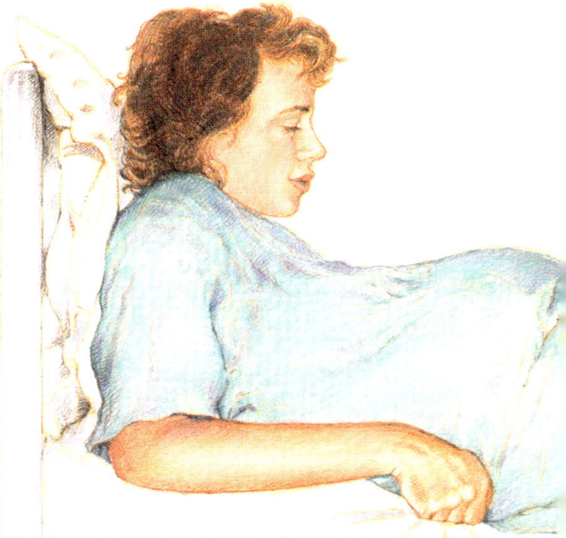

Als du geboren werden wolltest, weitete sich die Öffnung der Gebärmutter, um dich hinauszulassen.

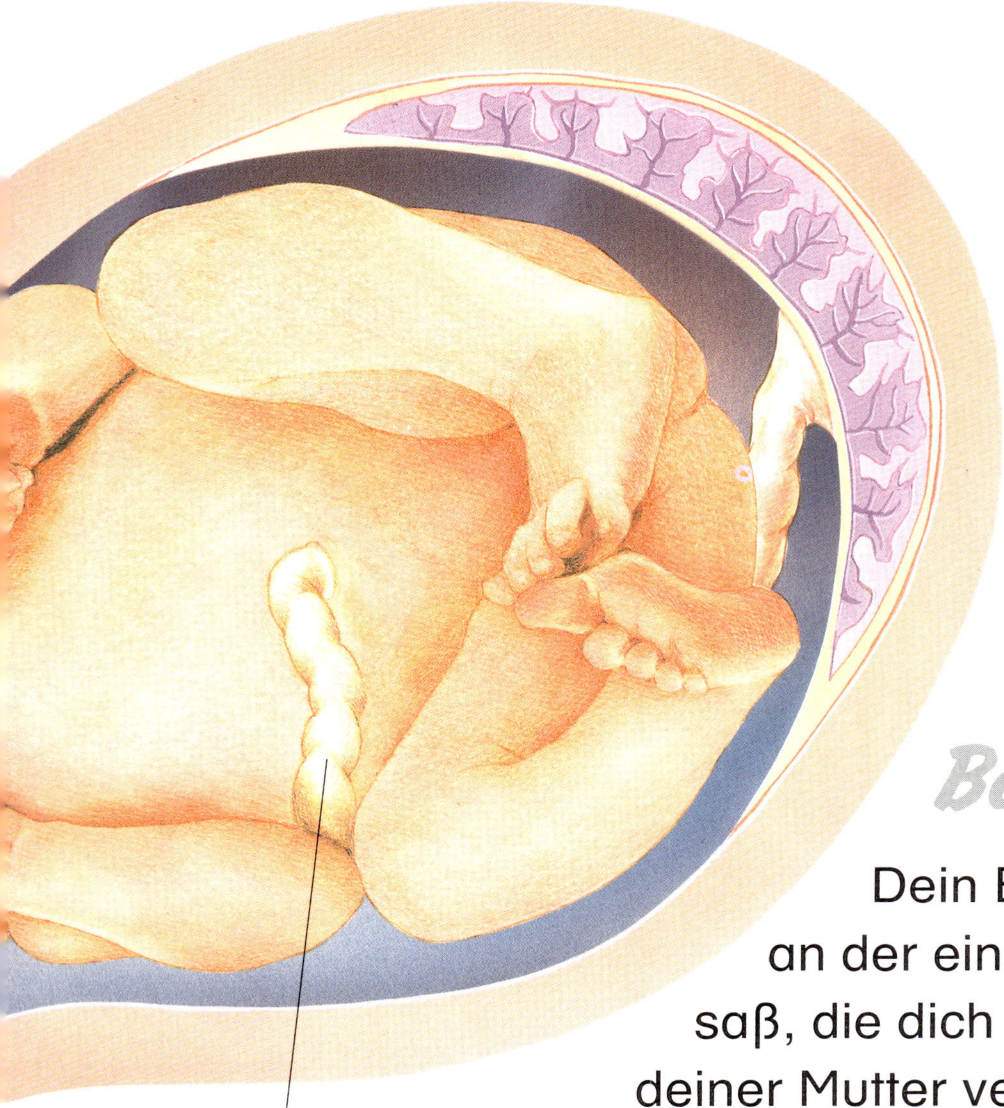

Die Nabelschnur – die Röhre, die dich mit deiner Mutter verbunden hat.

Sofort nach der Geburt hast du zum erstenmal Luft geholt und angefangen zu atmen.

Was ist mein Bauchnabel?

Dein Bauchnabel ist die Stelle, an der eine Röhre, die Nabelschnur, saß, die dich vor deiner Geburt mit deiner Mutter verbunden hat. Jn der Nabelschnur waren Blutgefäße, damit das Blut deiner Mutter dich mit Sauerstoff und Nahrung versorgen konnte, während du in der Gebärmutter warst. Nach der Geburt brauchtest du ihr Blut nicht mehr, deshalb wurde die Nabel-schnur abgeschnitten. Die Narbe ist dein Nabel.

Nach starkem Pressen bist du aus deiner Mutter herausgekommen, durch eine Öffnung zwischen ihren Beinen, die Scheide heißt.

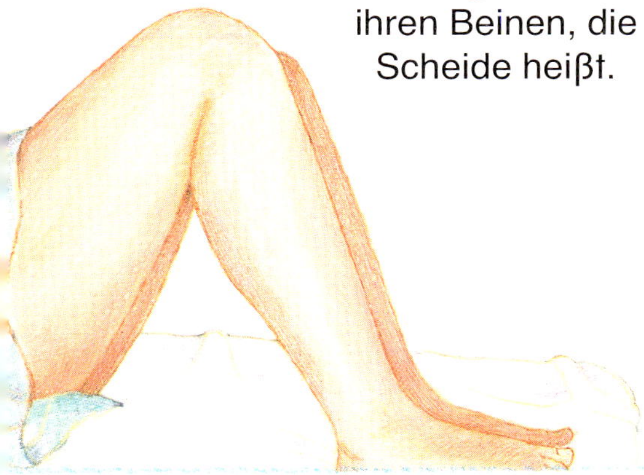

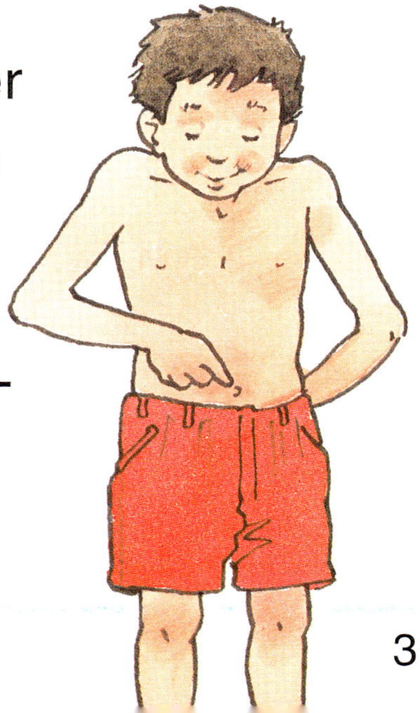

Register